Gaufres
sucrées & salées

Nathalie Helal

Photographies Éric Fénot

Stylisme Delphine Brunet

SOLAR
EDITIONS

Si vous souhaitez recevoir notre catalogue et être tenu au courant
de nos publications, envoyez-nous vos nom et adresse, en citant
ce livre et en précisant les domaines qui vous intéressent.

Éditions SOLAR
12, avenue d'Italie
75013 Paris

Internet : www.solar.fr

L'éditeur remercie vivement Lagrange pour son aimable prêt de gaufrier.

La styliste remercie Isabelle de Margerie pour ses céramiques.

Direction littéraire : Corinne Cesano
Édition : Delphine Depras
Responsable artistique : Vu Thi
Coordination et suivi artistiques : Julia Philipps
Collaboration éditoriale : Béatrice Mounier
Mise en page : APS/Chromostyle
Photogravure : APS/Chromostyle
Fabrication : Laurence Ledru

ISBN : 978-2-263-05271-2
Code éditeur : S05271
Dépôt légal : janvier 2011
Imprimé en France par Pollina - L55762

Sommaire

LAGRANGE

Introduction

À l'instar des crêpes, les gaufres offrent aux gourmands une multitude de variations gustatives. Sucrées ou salées, épaisses ou légères, rectangulaires ou en forme de cœur, elles enchantent le palais des petits et des grands !

Leur image est souvent liée à celle des fêtes foraines et des kermesses, où on les trouve simplement saupoudrées de sucre, tartinées de crème Chantilly, voire de Nutella®. Pourtant, il est grand temps d'apprendre à les déguster d'une tout autre façon : avec un soupçon d'imagination ! Quelques ingrédients « basiques » comme le lait ou la farine, additionnés d'arômes, de fruits, de légumes ou de condiments divers, suffisent à concocter des entrées ou des desserts ludiques et goûteux...

Des recettes traditionnelles aux variantes les plus inédites, toutes les gaufres se réalisent à l'aide d'un appareil indispensable : le gaufrier électrique. Veillez à l'acheter accompagné de différents jeux de plaques : à larges alvéoles, à trous moyens et à plaques fines. Les temps de cuisson variant d'un appareil à l'autre, il vous appartient de vous familiariser avec votre propre gaufrier, en pratiquant le plus souvent possible !

Régressives, les gaufres au parfum d'enfance côtoient ici des versions définitivement modernes, audacieuses et originales, mais toujours accessibles, propices à replacer ce produit merveilleux au centre de toutes vos envies, festives et quotidiennes. Bientôt, soyez-en sûrs, gaufres dodues, gaufrettes molles ou croustillantes et autres gourmandises à la belle couleur dorée n'auront plus de secrets pour vous !

Gaufres liégeoises

Pour 12 gaufres environ

Préparation : 20 minutes

Cuisson : 4 minutes environ par gaufre

Repos : 30 minutes

750 g de farine

60 g de sucre cristallisé

200 g de sucre perlé

5 œufs

45 cl de lait demi-écrémé tiède

350 g de beurre

1 sachet de sucre vanillé

70 g de levure fraîche de boulanger

1 pincée de sel

Sucre glace (facultatif)

Cette recette d'origine flamande séduira à coup sûr petits et grands ! Pour plus de légèreté, vous pouvez remplacer le beurre par de la margarine...

• Cassez les œufs dans un grand saladier. Ajoutez-y le sucre cristallisé, le sel, le sucre vanillé, le lait et la levure. Mélangez le tout en ajoutant progressivement la farine, jusqu'à obtenir une boule de pâte bien homogène.

• Faites fondre le beurre à feu doux dans une petite casserole et laissez-le refroidir quelques instants avant de le verser sur la pâte. Mélangez vivement, à l'aide d'un fouet ou d'un batteur électrique, puis incorporez les perles de sucre.

• Farinez légèrement vos mains et roulez-y la pâte de manière à former des boules de 100 g environ chacune, puis laissez reposer 30 minutes.

• Placez les boules de pâte dans un gaufrier bien chaud muni de plaques à gros trous, pendant 90 secondes environ. Dégustez ces gaufres encore chaudes ou tièdes, nature ou saupoudrées de sucre glace.

Variante de fête : incorporez 100 g de petits raisins secs de Corinthe à la pâte, ainsi qu'une cuillerée à café de cannelle moulue... Vous obtiendrez des gaufres au délicieux goût de pain brioché aux raisins.

Gaufrettes à la cassonade

Pour 45 gaufrettes environ

Préparation : 10 minutes

Cuisson : 3 minutes environ par gaufrette

Repos : 1 heure

500 g de farine

250 g de sucre en poudre

250 g de cassonade

250 g de beurre

3 œufs

1 sachet de sucre vanillé

1 verre à liqueur de rhum

Une gourmandise à la texture fine et craquante sous la dent, parfumée à la cassonade et au rhum : la recette de grand-mère par excellence !

- Dans une petite casserole, faites fondre le beurre à feu très doux.

- Versez la farine dans un grand saladier. Ajoutez-y les deux sucres, la cassonade, puis le beurre fondu et refroidi. Mélangez à l'aide d'un fouet et ajoutez les œufs un par un, sans cesser de fouetter. Incorporez le rhum à la préparation et fouettez à nouveau. Recouvrez le récipient d'un linge propre et laissez reposer la pâte à température ambiante pendant 1 heure minimum.

- Équipez le gaufrier de plaques fines et préchauffez-le. À l'aide d'une louche, versez ensuite un peu de pâte dans l'appareil et faites cuire de manière à obtenir une texture très croustillante. Renouvelez l'opération jusqu'à épuisement de la pâte. Dégustez nature.

Conservez les gaufrettes dans une boîte en fer. À l'abri de l'humidité, elles garderont tout leur croquant pendant une dizaine de jours.

Gaufres à la bière

Pour 15 gaufres environ

Préparation : 15 minutes

Cuisson : 5 minutes par gaufre

Repos : 15 minutes

500 g de farine

3 cuill. à soupe rases de sucre en poudre

150 g de beurre

6 œufs

25 cl de bière brune

25 cl d'eau minérale

1 sachet de sucre vanillé

1 cuill. à café de bicarbonate de soude

2 pincées de sel

L'alcool donne à cette recette un goût particulier et une légèreté que n'ont sans doute pas les autres gaufres nordiques.

- Faites fondre le beurre dans une petite casserole à feu très doux.
- Cassez les œufs en séparant les blancs des jaunes : mettez les premiers dans un bol à bords hauts avec une pincée de sel, et les seconds dans un bol ordinaire. Réservez.
- Dans un grand saladier, versez la farine, le bicarbonate, une pincée de sel et les sucres. Incorporez les jaunes d'œufs battus en omelette, le beurre fondu, ainsi que l'eau minérale. Mélangez le tout à l'aide d'un batteur électrique, pour éviter les grumeaux.
- Montez les blancs en neige très ferme. Incorporez-les avec précaution à la préparation précédente, en remuant avec une spatule en caoutchouc. Ajoutez enfin la bière, mélangez, couvrez et laissez reposer à température ambiante 15 minutes environ.
- Équipez le gaufrier de plaques à gros trous et préchauffez-le. À l'aide d'une louche, versez ensuite un peu de pâte dans l'appareil et faites cuire 5 à 6 minutes. Renouvelez l'opération jusqu'à épuisement de la pâte.

Pour un résultat surprenant, remplacez la bière brune ordinaire par une bière aromatisée, type Kriek.

Gaufres cigares

Pour 20 gaufres environ

Préparation : 10 minutes

Cuisson : 4 minutes environ par gaufre

200 g de farine

200 g de sucre en poudre

80 cl de crème fraîche liquide

1 cuill. à soupe d'eau de fleur d'oranger

Peu sucrées, ces gaufres, croustillantes et légères comme une dentelle, sont aussi jolies à regarder que délicieuses à déguster. Elles accompagneront à merveille une mousse au chocolat ou une bonne coupe de glace, surmontée de chantilly !

• Versez la farine dans un saladier, puis ajoutez le sucre et la crème fraîche. Mélangez à l'aide d'un fouet, afin d'éviter les grumeaux. Aromatisez avec l'eau de fleur d'oranger, qui va également aider à détendre la pâte.

• Équipez le gaufrier de plaques à quadrillage fin et préchauffez-le. Étalez ensuite une cuillerée à soupe de pâte sur chaque plaque de l'appareil. Faites cuire 4 minutes environ, puis décollez les gaufres avec précaution.

• Sans attendre, enroulez les gaufres autour d'un cylindre en bois ou en métal, ou à défaut, du manche épais d'une grosse cuillère en bois. Laissez-les refroidir jusqu'à ce qu'elles durcissent (une dizaine de minutes), puis retirez-les délicatement pour ne pas les briser.

Si la pâte vous semble trop épaisse, ajoutez-y un peu plus d'eau de fleur d'oranger.

Gaufrettes hollandaises

Pour 15 gaufrettes environ

Préparation : 10 minutes

Cuisson : 3 minutes environ par gaufrette

250 g de farine

100 g de sucre en poudre

125 g de beurre

1 blanc d'œuf

20 cl de sirop d'érable

1 cuill. à soupe de rhum

Une recette très ancienne, modernisée par l'ajout du sirop d'érable, qui lui apporte un goût délicat et parfumé.

- Faites ramollir le beurre à température ambiante.

- Versez le sucre dans un saladier et ajoutez le blanc d'œuf. Mélangez à l'aide d'un batteur électrique, puis incorporez le beurre ramolli. Tamisez la farine et ajoutez-la progressivement à la préparation, sans cesser de mélanger. Ajoutez ensuite le sirop d'érable et le rhum.

- Farinez légèrement vos mains et roulez-y la pâte de manière à former une boule, puis faites-la cuire petit à petit dans un gaufrier bien chaud muni de plaques fines, jusqu'à ce que les gaufrettes soient très croustillantes. Dégustez-les accompagnées d'une crème dessert ou glacée.

Gaufres de ducasse

Pour 20 gaufres environ

Préparation : 20 minutes

Cuisson : 5 minutes environ par gaufre

Repos : 1 heure

500 g de farine

3 cuill. à soupe de sucre en poudre

100 g de beurre fondu

4 œufs

1 l de lait demi-écrémé tiède

3 cuill. à soupe de crème fraîche

20 g de levure de boulanger

2 pincées de sel

Sucre glace

Non, il ne s'agit pas d'une recette du célèbre chef étoilé ! « Ducasse » est le nom donné à une kermesse du nord de la France. Ces gaufres traditionnelles sont un vrai délice, moelleux et croustillant !

• Délayez la levure dans 3 cuillerées à soupe de lait. Cassez les œufs en séparant les blancs des jaunes : mettez les premiers dans un bol à bords hauts avec une pincée de sel, et les seconds dans un bol ordinaire. Réservez.

• Versez la farine dans un grand saladier. Ajoutez-y le lait additionné de levure, les jaunes d'œufs, le sucre et une pincée de sel. Mélangez à l'aide d'un fouet et incorporez petit à petit le reste du lait. Fouettez jusqu'à obtention d'une pâte lisse et sans grumeaux.

• Ajoutez le beurre et la crème fraîche, en mélangeant vigoureusement. Couvrez et laissez lever dans un endroit chaud pendant 1 heure environ, jusqu'à ce que la pâte atteigne les bords du saladier.

• Montez les blancs d'œufs en neige très ferme, et incorporez-les à la pâte.

• Équipez le gaufrier de plaques à gros trous et préchauffez-le. À l'aide d'une louche, versez ensuite un peu de pâte dans l'appareil et faites cuire 5 minutes environ, jusqu'à ce que les gaufres soient bien dorées. Saupoudrez de sucre glace et dégustez chaud.

Gaufres de Bruxelles

Pour 16 gaufres environ

Préparation : 15 minutes

Cuisson : 5 minutes environ par gaufre

Repos : 1 heure

500 g de farine

150 g de cassonade

125 g de lait en poudre

200 g de beurre

4 blancs d'œufs

15 g de levure de boulanger

5 g de sel + 1 pincée

1 gousse de vanille

Sucre glace

Il existe de très nombreuses recettes des célèbres gaufres bruxelloises. Celle-ci est certainement des plus authentiques… et des plus digestes !

• Faites fondre le beurre dans une petite casserole à feu très doux. Dans un bol à bords hauts, montez les blancs d'œufs en neige très ferme, avec une pincée de sel. Réservez.

• Tamisez la farine et versez-la dans un grand saladier. Délayez la levure dans 2 cuillerées à soupe d'eau tiède. Ajoutez-la à la farine et mélangez. Incorporez la cassonade, le sel, et les graines de la gousse de vanille, soigneusement grattée avec la pointe d'un couteau. Ajoutez enfin le lait en poudre ainsi que 50 cl d'eau tiède. Mélangez intimement à l'aide d'un fouet, jusqu'à obtention d'une pâte filante. Couvrez-la d'un linge propre et laissez lever pendant 1 heure environ.

• Incorporez le beurre refroidi à la préparation précédente. Ajoutez ensuite les blancs en neige à l'aide d'une spatule, pour ne pas les casser.

• Équipez le gaufrier de plaques à gros trous et préchauffez-le. À l'aide d'une louche, versez ensuite un peu de pâte dans l'appareil et faites cuire 5 minutes environ. Dégustez saupoudré de sucre glace, accompagné de crème Chantilly ou encore nappé de chocolat fondu.

Gaufres à la cannelle

Pour 30 gaufres environ

Préparation : 15 minutes

Cuisson : 4 minutes environ par gaufre

Repos : 30 minutes

260 g de farine

225 g de sucre en poudre

185 g de beurre

3 œufs

1 cuill. à café rase de cannelle moulue

La cannelle est une épice au goût infiniment suave et parfumé, qui se marie à merveille avec les gaufres. Celles-ci possèdent une consistance craquante qui évoque certains biscuits de Noël alsaciens...

- Faites fondre le beurre dans une petite casserole à feu très doux. Réservez.
- Versez la farine dans un grand saladier. Ajoutez le sucre et les œufs battus en omelette et mélangez à l'aide d'un fouet ou d'un batteur électrique. Ajoutez enfin le beurre fondu et la cannelle. Mélangez à nouveau pendant quelques instants, puis couvrez la pâte et laissez-la reposer 30 minutes environ à température ambiante.
- Équipez le gaufrier de plaques fines et préchauffez-le. Versez ensuite un peu de pâte dans l'appareil et faites cuire jusqu'à ce que les gaufres soient bien dorées.

Ces gaufres se conservent une dizaine de jours dans une boîte métallique.

Gaufres à la farine complète

Pour 12 gaufres environ

Préparation : 15 minutes

Cuisson : 4 minutes environ par gaufre

Repos : 1 heure

250 g de farine

125 g de farine complète

40 g de sucre en poudre

130 g de beurre

3 œufs

50 cl de lait demi-écrémé tiède

20 g de levure fraîche

1 pincée de sel

Nourrissantes et consistantes, ces gaufres sont délicieuses saupoudrées d'un mélange de sucre glace et d'épices.

- Faites ramollir le beurre à température ambiante.
- Délayez la levure émiettée dans la moitié du lait, additionné d'une cuillerée à soupe de sucre. Couvrez et laissez reposer 15 minutes à température ambiante.
- Dans un grand saladier, versez les deux farines, le sel, le reste du sucre et du lait, la levure et les œufs. Incorporez le beurre coupé en dés et mélangez de façon à obtenir une pâte parfaitement homogène. Couvrez d'un linge propre et laissez reposer 45 minutes environ, près d'une source de chaleur peu intense.
- Équipez le gaufrier de plaques à gros trous et préchauffez-le. À l'aide d'une louche, versez ensuite un peu de pâte dans l'appareil et faites cuire jusqu'à ce que les gaufres soient bien dorées. Servez immédiatement.

Vous pouvez remplacer la farine ordinaire par de la farine de sarrasin.

Gaufres au fromage blanc et aux graines de pavot

Pour 12 gaufres environ

Préparation : 30 minutes

Cuisson : 5 minutes environ par gaufre

Repos : 1 heure

300 g de farine

70 g de sucre en poudre + 1 cuill. à soupe

150 g de beurre

4 œufs

250 g de fromage blanc en faisselle

1 citron non traité

2 cuill. à soupe de graines de pavot

4 g de levure chimique ou de bicarbonate

1 pincée de sel

Sucre glace (facultatif)

Ce mélange d'inspiration polonaise donne à ces gaufres un moelleux et un parfum incomparables. Le zeste de citron est indispensable : il renforce la saveur du pavot !

- Faites fondre le beurre dans une petite casserole à feu très doux. Réservez.
- Lavez le citron, brossez-le sous l'eau chaude et râpez finement son zeste. Mettez-le dans un bol avec les graines de pavot et la cuillerée de sucre. Pressez le jus du citron, ajoutez-le à la préparation et mélangez.
- Dans un grand saladier, versez la farine, le sucre, la levure chimique et le sel. Incorporez les œufs et mélangez vigoureusement à l'aide d'un fouet ou d'un batteur électrique. Ajoutez progressivement le fromage blanc, puis le mélange au pavot. Incorporez enfin le beurre refroidi et mélangez à nouveau, jusqu'à obtention d'une pâte lisse et sans grumeaux. Couvrez et laissez reposer 1 heure à température ambiante.
- Équipez le gaufrier de plaques à gros trous et préchauffez-le. À l'aide d'une louche, versez ensuite un peu de pâte dans l'appareil et faites cuire jusqu'à ce que les gaufres soient bien dorées. Dégustez nature ou saupoudré de sucre glace.

Gaufres à la ricotta et aux agrumes

Pour 30 gaufres environ

Préparation : 30 minutes

Cuisson : 4 minutes environ par gaufre

Repos : 2 à 3 heures

260 g de farine

225 g de sucre en poudre

185 g de beurre fondu

3 œufs

1 cuill. à soupe de marsala

Pour la garniture

300 g de ricotta

150 g de sucre glace

30 g de chocolat noir râpé ou de pépites de chocolat noir

30 g de lanières d'oranges confites

1 cuill. à soupe de pistaches finement concassées (facultatif)

Cette recette est directement inspirée des cannoli siciliens, ces délicieux cornets remplis de ricotta, d'orange confite et de chocolat râpé.

• Faites fondre le beurre dans une petite casserole à feu très doux. Réservez.

• Dans un grand saladier, versez la farine, le sucre et les œufs battus en omelette, puis mélangez vigoureusement à l'aide d'un fouet ou d'un batteur électrique. Ajoutez enfin le beurre refroidi et le marsala. Mélangez à nouveau jusqu'à obtention d'une pâte lisse. Couvrez et laissez reposer 30 minutes environ à température ambiante.

• Équipez le gaufrier de plaques fines et préchauffez-le. À l'aide d'une louche, versez ensuite un peu de pâte dans l'appareil et faites cuire jusqu'à ce que les gaufres soient bien dorées. Puis décollez-les et enroulez-les aussitôt, encore chaudes, autour du manche d'une grande cuillère en bois. Le but est d'obtenir une forme arrondie, proche de celle d'un cornet. Laissez refroidir.

• Préparez la garniture : fouettez ensemble la ricotta et le sucre glace, puis incorporez délicatement les lanières d'oranges confites et le chocolat noir râpé. Réservez cette garniture 2 à 3 heures au réfrigérateur, pour éviter qu'elle soit trop liquide.

• Fourrez ensuite les gaufres de ce mélange, à l'aide de 2 cuillères à café ou d'une poche à douille. Parsemez éventuellement chaque cornet de pistaches concassées. Conservez au réfrigérateur pendant 2 heures minimum avant de déguster.

Gaufres cacao-vanille

Pour 12 gaufres environ

Préparation : 15 minutes

Cuisson : 4 minutes environ par gaufre

300 g de farine

3 cuill. à soupe de sucre en poudre

100 g de beurre

4 œufs

60 cl de lait demi-écrémé tiède

40 g de cacao non sucré

2 cuill. à café d'extrait de vanille liquide

2 pincées de sel

Plus subtil que celui du chocolat, l'arôme du cacao amer se marie parfaitement avec la vanille. Une simple crème fouettée en guise de garniture, et ces gaufres remporteront tout le succès qu'elles méritent !

- Faites fondre le beurre dans une petite casserole à feu très doux. Réservez.

- Dans un grand saladier, versez les jaunes d'œufs, le sucre, le cacao tamisé et l'extrait de vanille liquide. Ajoutez la farine, une pincée de sel et le lait, en mélangeant à l'aide d'un batteur électrique. Incorporez ensuite le beurre fondu et refroidi, sans cesser de mélanger.

- Montez les blancs d'œufs en neige très ferme avec une pincée de sel. Ajoutez-les au mélange précédent, en prenant garde de ne pas casser les blancs.

- Équipez le gaufrier de plaques à gros ou moyens trous et préchauffez-le. À l'aide d'une louche, versez ensuite un peu de pâte dans l'appareil et faites cuire jusqu'à ce que les gaufres soient bien dorées. Garnissez de crème Chantilly avant de déguster.

Gaufrettes au miel de lavande

Pour 20 gaufres environ

Préparation : 15 minutes

Cuisson : 4 minutes environ par gaufrette

300 g de farine

150 g de sucre en poudre

150 g de beurre

3 œufs

150 g de miel de lavande

1 sachet de sucre vanillé

Le miel de lavande est un bon compromis entre le miel d'acacia, souvent jugé trop neutre, et les miels de sapin ou de châtaignier, au goût parfois trop puissant.

• Mettez le beurre à ramollir près d'une source de chaleur.

• Chauffez légèrement le miel dans une petite casserole, à feu très doux, afin de le liquéfier et d'en ôter les éventuels cristaux.

• Dans un grand saladier, battez les œufs en omelette, puis ajoutez le miel et les sucres. Malaxez la farine avec le beurre en pommade et incorporez ce mélange à la préparation précédente. Mélangez vigoureusement à l'aide d'un fouet ou d'un batteur électrique.

• Équipez le gaufrier de plaques fines et préchauffez-le. Déposez ensuite des petits tas de pâte dans l'appareil et faites cuire pendant 4 minutes maximum. Renouvelez l'opération jusqu'à épuisement de la pâte.

Gaufres aux pralines roses

Pour 12 gaufres environ

Préparation : 20 minutes

Cuisson : 4 minutes environ par gaufre

Repos : 30 minutes

270 g de farine

100 g de beurre

3 œufs

40 cl de lait demi-écrémé tiède

40 g de pralines roses

½ sachet de levure chimique

1 pincée de sel

Sucre glace

Une pâte moelleuse, enrichie d'éclats de pralines roses pour un effet « girly » à l'œil, et une gourmandise franchement régressive au palais : ces gaufres ont autant leur place sur la table du goûter des enfants que sur celle des grands !

- Concassez les pralines roses à l'aide d'un rouleau à pâtisserie. Réservez.
- Faites fondre le beurre dans une petite casserole à feu très doux. Réservez.
- Montez les blancs d'œufs en neige ferme avec le sel. Réservez également.
- Versez la farine dans un grand saladier. Ajoutez la levure, les jaunes d'œufs et les pralines roses concassées. Incorporez progressivement le beurre fondu et refroidi ainsi que le lait. Ajoutez enfin délicatement les blancs en neige, à l'aide d'une spatule. Couvrez et laissez reposer à température ambiante pendant 30 minutes environ.
- Équipez le gaufrier de plaques à gros trous et préchauffez-le. Versez ensuite un peu de pâte dans l'appareil et faites cuire jusqu'à ce que les gaufres soient bien dorées. Servez saupoudré de sucre glace tamisé.

Gaufres à la vanille Bourbon

Pour 15 gaufres environ

Préparation : 30 minutes

Cuisson : 4 minutes environ par gaufre

Repos : 2 heures + 1 heure de refroidissement des gaufres

500 g de farine

30 g de sucre en poudre

125 g de beurre

4 œufs

10 cl de lait demi-écrémé

15 g de levure de boulanger

1 pincée de sel

Pour le fourrage

130 g de sucre glace

75 g de beurre

2 cuill. à soupe de crème fraîche

1 cuill. à café d'extrait de vanille liquide

1 gousse de vanille Bourbon

Un délice classique mais dont on ne se lasse pas : le parfum de la vanille est sublimé par la texture de la crème, et les gaufres sont moelleuses à souhait !

- Sortez le beurre du réfrigérateur au moins 2 heures à l'avance afin qu'il ramollisse.
- Faites tiédir le lait dans une petite casserole et ajoutez le sucre. Réservez.
- Versez la farine dans un grand saladier. Creusez un puits et ajoutez le sel, les œufs, le beurre ramolli et la levure dissoute dans le lait sucré. Pétrissez le tout à la main pendant 10 minutes environ, à la manière d'une pâte à brioche. Couvrez d'un linge propre et laissez reposer 2 heures à température ambiante.
- Farinez légèrement vos mains, travaillez à nouveau la pâte et formez des boules de la taille d'une noix. Disposez-les sur une plaque en les espaçant et laissez-les reposer jusqu'à ce qu'elles doublent de volume.
- Équipez le gaufrier de plaques fines et préchauffez-le. Versez ensuite un peu de pâte dans l'appareil et retournez les gaufres à mi-cuisson. Une fois cuites, ouvrez-les en deux et laissez-les refroidir pendant 1 heure minimum avant de les garnir.
- Préparez le fourrage : à l'aide d'un batteur électrique, mélangez le sucre glace tamisé, le beurre, la crème fraîche et l'extrait de vanille liquide. Fendez la gousse de vanille en deux dans le sens de la longueur, et grattez-en l'intérieur avec un petit couteau afin de répandre les graines dans le mélange.
- Tartinez les gaufres froides de crème vanillée, refermez-les et conservez-les à l'abri de la lumière et de la chaleur jusqu'au moment de servir.

Gaufres moka

Pour 15 gaufres environ

Préparation : 30 minutes

Cuisson : 4 minutes environ par gaufre

Repos : 2 heures + 1 heure de refroidissement des gaufres

500 g de farine

30 g de sucre en poudre

125 g de beurre

4 œufs

10 cl de lait demi-écrémé

15 g de levure de boulanger

1 pincée de sel

Pour le fourrage

125 g de sucre en poudre

125 g de beurre doux, extra-frais

1 jaune d'œuf

1 cuill. à café d'extrait de café liquide

Recyclée au milieu de ces gaufrettes, cette crème au café fort qu'on utilise souvent pour fourrer les génoises est tout simplement fantastique !

- Sortez le beurre du réfrigérateur au moins 2 heures à l'avance afin qu'il ramollisse.
- Faites tiédir le lait dans une petite casserole et ajoutez le sucre. Réservez.
- Versez la farine dans un grand saladier. Creusez un puits et ajoutez le sel, les œufs, le beurre ramolli et la levure dissoute dans le lait sucré. Pétrissez le tout à la main pendant 10 minutes environ, à la manière d'une pâte à brioche. Couvrez d'un linge propre et laissez reposer 2 heures à température ambiante.
- Farinez légèrement vos mains, travaillez à nouveau la pâte et formez des boules de la taille d'une noix. Disposez-les sur une plaque en les espaçant et laissez-les reposer jusqu'à ce qu'elles doublent de volume.
- Équipez le gaufrier de plaques fines et préchauffez-le. Versez ensuite un peu de pâte dans l'appareil et retournez les gaufres à mi-cuisson. Une fois cuites, ouvrez-les en deux et laissez-les refroidir pendant 1 heure minimum avant de les garnir.
- Préparez le fourrage : coupez le beurre en lamelles et faites-le fondre au bain-marie. Ajoutez le jaune d'œuf, le sucre et l'extrait de café liquide. Mélangez jusqu'à ce que la préparation soit parfaitement lisse et homogène.
- Tartinez les gaufres froides de crème au café, refermez-les et placez-les au réfrigérateur pendant 3 heures minimum avant de déguster.

Gaufres à la vergeoise

Pour 15 gaufres environ

Préparation : 20 minutes

Cuisson : 4 minutes environ par gaufre

Repos : 2 heures

500 g de farine

30 g de sucre en poudre

125 g de beurre

4 œufs

10 cl de lait demi-écrémé

15 g de levure de boulanger

1 pincée de sel

Pour le fourrage

175 g de sucre glace

175 g de vergeoise blonde

175 g de beurre doux

LA recette populaire du Nord, présente sur les marchés et les stands de foire : idéale pour le goûter des enfants... et des adultes !

- Sortez le beurre du réfrigérateur au moins 2 heures à l'avance afin qu'il ramollisse.
- Faites tiédir le lait dans une petite casserole et ajoutez le sucre. Réservez.
- Versez la farine dans un grand saladier. Creusez un puits et ajoutez le sel, les œufs, le beurre ramolli et la levure dissoute dans le lait sucré. Pétrissez le tout à la main pendant 10 minutes environ, à la manière d'une pâte à brioche. Couvrez d'un linge propre et laissez reposer 2 heures à température ambiante.
- Farinez légèrement vos mains, travaillez à nouveau la pâte et formez des boules de la taille d'une noix. Disposez-les sur une plaque en les espaçant et laissez-les reposer jusqu'à ce qu'elles doublent de volume.
- Équipez le gaufrier de plaques fines et préchauffez-le. Versez ensuite un peu de pâte dans l'appareil et retournez les gaufres à mi-cuisson. Une fois cuites, ouvrez-les en deux et laissez-les tiédir avant de les garnir.
- Préparez le fourrage : mixez ensemble le beurre, la vergeoise et le sucre glace.
- Tartinez les gaufres tièdes de crème, refermez-les et dégustez sans attendre.

Vous pouvez remplacer la vergeoise blonde par de la vergeoise brune.

Gaufres au mascarpone et aux framboises

Pour 15 gaufres environ

Préparation : 30 minutes

Cuisson : 4 minutes environ par gaufre

Repos : 2 heures + 1 heure de refroidissement des gaufres

500 g de farine

30 g de sucre en poudre

125 g de beurre

4 œufs

10 cl de lait demi-écrémé

15 g de levure de boulanger

1 pincée de sel

Sucre glace

Pour le fourrage

150 g de sucre en poudre

200 g de mascarpone

200 g de framboises fraîches

2 cuill. à soupe de jus de citron

3 blancs d'œufs

1 pincée de sel

Le crémeux velouté du mascarpone associé à la fraîcheur acidulée de la framboise offre un résultat subtil et savoureux...

- Sortez le beurre du réfrigérateur au moins 2 heures à l'avance afin qu'il ramollisse.
- Faites tiédir le lait dans une petite casserole et ajoutez le sucre. Réservez.
- Versez la farine dans un grand saladier. Creusez un puits et ajoutez le sel, les œufs, le beurre ramolli et la levure dissoute dans le lait sucré. Pétrissez le tout à la main pendant 10 minutes environ, à la manière d'une pâte à brioche. Couvrez d'un linge propre et laissez reposer 2 heures à température ambiante.
- Farinez légèrement vos mains, travaillez à nouveau la pâte et formez des boules de la taille d'une noix. Disposez-les sur une plaque en les espaçant et laissez-les reposer jusqu'à ce qu'elles doublent de volume.
- Équipez le gaufrier de plaques fines et préchauffez-le. Versez ensuite un peu de pâte dans l'appareil et retournez les gaufres à mi-cuisson. Une fois cuites, ouvrez-les en deux et laissez-les refroidir pendant 1 heure minimum avant de les garnir.
- Préparez le fourrage : mélangez le mascarpone et le sucre à l'aide d'un batteur électrique. Disposez les framboises dans un saladier et arrosez-les du jus de citron, puis mixez-les et réservez-les au frais. Montez les blancs d'œufs en neige ferme avec le sel. Égouttez la purée de framboises à l'aide d'un chinois et incorporez-la délicatement au mascarpone, puis ajoutez les blancs, en remuant à l'aide d'une spatule. Remettez au frais 3 heures environ pour que la mousse prenne.
- Tartinez les gaufres de mousse et refermez-les. Dégustez saupoudré de sucre glace.

Vous pouvez remplacer les framboises par d'autres fruits rouges de votre choix.

Gaufres pistaches-griottes

Pour 15 gaufres environ

Préparation : 30 minutes

Cuisson : 4 minutes environ par gaufre

Repos : 2 heures + 1 heure de refroidissement des gaufres

500 g de farine

30 g de sucre en poudre

125 g de beurre

4 œufs

10 cl de lait demi-écrémé

15 g de levure de boulanger

1 pincée de sel

Pour le fourrage

370 g de griottes au sirop, égouttées et dénoyautées

50 g de pâte de pistaches

65 g de sucre en poudre

2 cuill. à soupe rases de Maïzena®

100 g de beurre

3 jaunes d'œufs

25 cl de lait demi-écrémé

Une association de saveurs, haute en couleur et infiniment raffinée : le parfum de la pistache est décuplé par la légère acidité des griottes, et la texture moelleuse de ces gaufrettes n'a rien à envier au meilleur des fonds de tarte !

• Sortez le beurre du réfrigérateur au moins 2 heures à l'avance afin qu'il ramollisse.

• Faites tiédir le lait dans une petite casserole et ajoutez le sucre. Réservez.

• Versez la farine dans un grand saladier. Creusez un puits et ajoutez le sel, les œufs, le beurre ramolli et la levure dissoute dans le lait sucré. Pétrissez le tout à la main pendant 10 minutes environ, à la manière d'une pâte à brioche. Couvrez d'un linge propre et laissez reposer 2 heures à température ambiante.

• Farinez légèrement vos mains, travaillez à nouveau la pâte et formez des boules de la taille d'une noix. Disposez-les sur une plaque en les espaçant et laissez-les reposer jusqu'à ce qu'elles doublent de volume.

• Équipez le gaufrier de plaques fines et préchauffez-le. Versez ensuite un peu de pâte dans l'appareil et retournez les gaufres à mi-cuisson. Une fois cuites, ouvrez-les en deux et laissez-les refroidir pendant 1 heure minimum avant de les garnir.

• Préparez le fourrage : laissez ramollir le beurre. Dans une casserole de taille moyenne, chauffez le lait sans le faire bouillir. Fouettez les jaunes d'œufs et le sucre dans un saladier jusqu'à ce qu'ils blanchissent, puis incorporez la Maïzena®. Ajoutez le lait chaud en filet, sans cesser de remuer. Reversez le tout dans la casserole et faites épaissir à la manière d'une crème pâtissière. Retirez du feu et ajoutez la pâte de pistaches. Mélangez bien puis ajoutez peu à peu le beurre ramolli. Laissez refroidir avant d'incorporer les griottes.

• Tartinez les gaufres froides de crème aux griottes, refermez-les et placez-les au réfrigérateur pendant 2 heures minimum avant de déguster.

Gaufres Choc'orange

Pour 15 gaufres environ

Préparation : 30 minutes

Cuisson : 4 minutes environ par gaufre

Repos : 1 heure

Réfrigération : 6 heures

250 g de farine

15 g de sucre en poudre

100 g de beurre

1 gros œuf

20 g de levure fraîche

Pour le fourrage

350 g de chocolat de couverture noir amer

3 cuill. à soupe de sucre en poudre

75 g de beurre mou

4 œufs

1 cuill. à soupe de liqueur à l'orange

2 cuill. à soupe de jus d'orange frais

20 g de zeste d'orange confit

1 pincée de sel

Chocolat plus orange : un mélange qui fonctionne bien... surtout s'il incarne l'onctuosité et la légèreté d'une mousse !

- Faites fondre le beurre dans une petite casserole à feu très doux. Réservez.
- Dans un grand saladier, versez la farine, la levure émiettée et le sucre ; arrosez de 3 cuillerées à soupe d'eau tiède et mélangez bien. Incorporez ensuite le beurre refroidi et l'œuf. Pétrissez la pâte jusqu'à obtenir une boule qui se détache des parois du saladier. Couvrez et laissez lever au minimum 1 heure à température ambiante.
- Formez des petits boudins de pâte réguliers, de 30 g environ chacun, pour obtenir des gaufres de taille identique.
- Équipez le gaufrier de plaques fines et préchauffez-le. Déposez ensuite les boudins de pâte dans l'appareil et faites cuire jusqu'à ce que les gaufres soient bien dorées. Coupez-les immédiatement en deux, dans le sens de l'épaisseur. Disposez-les sur une grande assiette et laissez-les refroidir.
- Préparez le fourrage : versez 10 cl d'eau dans une casserole et portez à ébullition. Cassez le chocolat en petits morceaux, ajoutez-le dans la casserole et retirez-la immédiatement du feu : laissez fondre sans remuer. Versez ensuite le jus et la liqueur d'orange. Lissez le chocolat à la spatule et incorporez les jaunes d'œufs, le sucre, puis le beurre, en remuant vivement. Ajoutez enfin le zeste d'orange finement haché.
- Dans un saladier, montez les blancs d'œufs en neige ferme avec le sel et versez-y le contenu de la casserole. Remuez délicatement et placez au réfrigérateur pendant 6 heures avant de garnir les gaufres. Refermez-les et dégustez sans attendre.

Gaufres au beurre de gingembre

Pour 15 gaufres environ
Préparation : 30 minutes
Cuisson : 4 minutes environ par gaufre
Repos : 1 heure

250 g de farine
15 g de sucre en poudre
100 g de beurre fondu
1 gros œuf
20 g de levure fraîche

Pour le fourrage

125 g de vergeoise blonde
125 g de sucre glace
125 g de beurre mou
5 g de gingembre frais

Les notes acidulées du gingembre apportent un petit quelque chose de mystérieux à la texture classique du fourrage de ces gaufres. Irrésistible !

• Faites fondre le beurre dans une petite casserole à feu très doux. Réservez.

• Dans un grand saladier, versez la farine, la levure émiettée et le sucre ; arrosez de 3 cuillerées à soupe d'eau tiède et mélangez bien. Incorporez ensuite le beurre refroidi et l'œuf. Pétrissez la pâte jusqu'à obtenir une boule qui se détache des parois du saladier. Couvrez et laissez lever au minimum 1 heure à température ambiante.

• Formez des petits boudins de pâte réguliers, de 30 g environ chacun, pour obtenir des gaufres de taille identique.

• Équipez le gaufrier de plaques fines et préchauffez-le. Déposez ensuite les boudins de pâte dans l'appareil et faites cuire jusqu'à ce que les gaufres soient bien dorées. Coupez-les immédiatement en deux, dans le sens de l'épaisseur. Disposez-les sur une grande assiette et laissez-les refroidir.

• Préparez le fourrage : dans le bol d'un mixeur, mettez le beurre ramolli, la vergeoise, le sucre glace et le gingembre épluché. Mixez à grande vitesse pendant 1 minute.

• Tartinez les gaufres froides de crème au gingembre, refermez-les et placez-les au réfrigérateur pendant 2 heures minimum avant de déguster.

Gaufres au caramel au beurre salé et aux éclats de noix

Pour 15 gaufres environ

Préparation : 40 minutes

Cuisson : 4 minutes environ par gaufre

Repos : 1 heure

Réfrigération : 3 heures

250 g de farine

15 g de sucre en poudre

100 g de beurre fondu

1 gros œuf

20 g de levure fraîche

Pour le fourrage

250 g de sucre en poudre

50 g de beurre demi-sel

50 cl de crème liquide

75 g de cerneaux de noix

Qui n'a jamais craqué pour le caramel au beurre salé ? Des cerneaux de noix concassés apportent une note croquante qui se marie à merveille avec ces gaufres.

- Faites fondre le beurre dans une petite casserole à feu très doux. Réservez.
- Dans un grand saladier, versez la farine, la levure émiettée et le sucre ; arrosez de 3 cuillerées à soupe d'eau tiède et mélangez bien. Incorporez ensuite le beurre refroidi et l'œuf. Pétrissez la pâte jusqu'à obtenir une boule qui se détache des parois du saladier. Couvrez et laissez lever au minimum 1 heure à température ambiante.
- Formez des petits boudins de pâte réguliers, de 30 g environ chacun, pour obtenir des gaufres de taille identique.
- Équipez le gaufrier de plaques fines et préchauffez-le. Déposez ensuite les boudins de pâte dans l'appareil et faites cuire jusqu'à ce que les gaufres soient bien dorées. Coupez-les immédiatement en deux, dans le sens de l'épaisseur. Disposez-les sur une grande assiette et laissez-les refroidir.
- Préparez le fourrage : concassez grossièrement les cerneaux de noix. Dans une casserole, versez le sucre additionné de 2 ou 3 cuillerées à soupe d'eau, et faites chauffer à feu doux. Surveillez sans remuer, jusqu'à obtention d'un caramel bien doré. Retirez ensuite du feu et versez la crème liquide, puis le beurre coupé en petits dés. Remettez la casserole sur feu très doux, afin d'obtenir un mélange homogène. Stoppez la cuisson et ajoutez les noix concassées. Laissez durcir ce caramel 3 heures au réfrigérateur avant d'en tartiner les gaufres refroidies. Refermez-les et dégustez.

Gaufres au citron

Pour 15 gaufres environ

Préparation : 30 minutes

Cuisson : 4 minutes environ par gaufre

Repos : 1 heure

500 g de farine

30 g de sucre en poudre

125 g de beurre

4 œufs

10 cl de lait demi-écrémé

15 g de levure de boulanger

1 pincée de sel

Pour le fourrage

150 g de sucre glace

85 g de beurre

2 cuill. à soupe de crème fraîche

Le zeste de 1 citron

Le jus de ½ citron

L'acidité du citron contraste agréablement avec la saveur sucrée du fourrage et lui apporte une note parfumée très rafraîchissante.

• Sortez le beurre du réfrigérateur au moins 2 heures à l'avance afin qu'il ramollisse.

• Faites tiédir le lait dans une petite casserole et ajoutez le sucre. Réservez.

• Versez la farine dans un grand saladier. Creusez un puits et ajoutez le sel, les œufs, le beurre ramolli et la levure dissoute dans le lait sucré. Pétrissez le tout à la main pendant 10 minutes environ, à la manière d'une pâte à brioche. Couvrez d'un linge propre et laissez reposer 2 heures à température ambiante.

• Farinez légèrement vos mains, travaillez à nouveau la pâte et formez des boules de la taille d'une noix. Disposez-les sur une plaque en les espaçant et laissez-les reposer jusqu'à ce qu'elles doublent de volume.

• Équipez le gaufrier de plaques fines et préchauffez-le. Versez ensuite un peu de pâte dans l'appareil et retournez les gaufres à mi-cuisson. Une fois cuites, ouvrez-les en deux et laissez-les refroidir pendant 1 heure minimum avant de les garnir.

• Préparez le fourrage : à l'aide d'un batteur électrique, mélangez le beurre en pommade, le sucre glace, la crème fraîche, ainsi que le zeste et le jus de citron. Tartinez les gaufres tièdes ou froides de ce mélange et refermez-les avant de les déguster.

Utilisez de préférence de beaux citrons de Nice.

Gaufres au comté

Pour 8 à 10 gaufres

Préparation : 15 minutes

Cuisson : 5 minutes environ par gaufre

350 g de farine

30 g de beurre

5 œufs

50 cl de lait entier

400 g de comté jeune

½ sachet de levure chimique

Sel et poivre du moulin

Le comté est un fromage au goût fruité, apprécié quasi unanimement par les petits comme par les grands !

• Faites fondre le beurre dans une petite casserole à feu très doux. Réservez.

• Dans un grand saladier, versez la farine, les œufs et le lait, en remuant avec une spatule. Ajoutez le beurre refroidi, la levure chimique, salez et poivrez.

• Râpez le fromage à l'aide d'une râpe fine, incorporez-le à la préparation précédente et mélangez : la pâte doit être lisse et coulante. Dans le cas contraire, ajoutez quelques cuillerées à soupe de lait. Rectifiez éventuellement l'assaisonnement.

• Équipez le gaufrier de plaques à gros trous et préchauffez-le. À l'aide d'une louche, versez ensuite un peu de pâte dans l'appareil et faites cuire jusqu'à ce que les gaufres soient bien dorées. Renouvelez l'opération jusqu'à épuisement de la pâte. Servez en entrée, chaud ou froid, accompagné d'une salade verte.

Vous pouvez remplacer le comté par du cheddar, de la mimolette ou un fromage de brebis.

Gaufres mozzarella, tomates confites et basilic

Pour 8 gaufres

Préparation : 15 minutes

Cuisson : 4 minutes environ par gaufre

175 g de farine

50 g de beurre fondu

4 œufs

20 cl de lait demi-écrémé

½ sachet de levure chimique

Sel

Pour la garniture

250 g de mozzarella égouttée

16 quartiers de tomates confites

24 olives noires

4 cuill. à soupe de basilic frais ciselé

1 gousse d'ail épluchée

3 cuill. à soupe d'huile d'olive

1 poignée de feuilles de roquette

Un plat unique ou une entrée conséquente, où les gaufres remplacent tout simplement la « pasta » italienne. Elles accompagnent une garniture ensoleillée qui regorge de saveurs !

• Faites fondre le beurre dans une petite casserole à feu très doux. Réservez.

• Dans un grand saladier, battez les œufs en omelette, puis ajoutez la farine tamisée et la levure chimique. Salez, incorporez le beurre refroidi et le lait. Mélangez bien, couvrez et laissez reposer la pâte pendant 30 minutes environ à température ambiante.

• Préparez la garniture : versez l'huile dans une sauteuse. Faites colorer la gousse d'ail pendant 3 minutes sur feu vif, puis jetez-la. Ajoutez ensuite les tomates confites, la mozzarella coupée en tranches moyennes, les olives et le basilic : la cuisson ne doit pas excéder 2 minutes. Retirez du feu et réservez.

• Équipez le gaufrier de plaques à gros trous et préchauffez-le. À l'aide d'une louche, versez ensuite un peu de pâte dans l'appareil et faites cuire jusqu'à ce que les gaufres soient bien dorées. Renouvelez l'opération jusqu'à épuisement de la pâte.

• Dressez les gaufres chaudes sur un grand plat ou sur des assiettes. Répartissez dessus le mélange à la mozzarella, et décorez de quelques feuilles de roquette. Servez immédiatement.

Gaufres au saumon fumé et à l'aneth

Pour 8 gaufres

Préparation : 15 minutes

Cuisson : 5 minutes environ par gaufre

Repos : 30 minutes

175 g de farine

50 g de beurre fondu

4 œufs

20 cl de lait demi-écrémé

½ sachet de levure chimique

Sel

Pour la garniture

4 tranches de saumon fumé

125 g de crème liquide très froide

½ botte d'aneth

3 cuill. à soupe de jus de citron

Sel et poivre du moulin

Une manière originale de détourner le saumon fumé de son usage habituel, et un clin d'œil à nos amis scandinaves, qui adorent associer aneth et saumon !

- Faites fondre le beurre dans une petite casserole à feu très doux. Réservez.
- Dans un grand saladier, battez les œufs en omelette, puis ajoutez la farine tamisée et la levure chimique. Salez, incorporez le beurre refroidi et le lait. Mélangez bien, couvrez et laissez reposer la pâte pendant 30 minutes environ à température ambiante.
- Préparez la garniture : lavez et essuyez les feuilles d'aneth. Montez la crème liquide en chantilly à l'aide d'un batteur électrique. Salez, poivrez et ajoutez le jus de citron, en battant toujours. Effeuillez l'aneth dans la crème citronnée et remuez.
- Équipez le gaufrier de plaques à gros trous et préchauffez-le. À l'aide d'une louche, versez ensuite un peu de pâte dans l'appareil et faites cuire jusqu'à ce que les gaufres soient bien dorées.
- Dressez les gaufres sur un grand plat ou sur des assiettes. Coupez les tranches de saumon en deux et disposez une demi-tranche sur chaque gaufre. À l'aide d'une poche à douille, répartissez la crème Chantilly à l'aneth sur le dessus. Servez aussitôt.

Gaufres retour des Indes, curry et épinards

Pour 8 gaufres

Préparation : 30 minutes

Cuisson : 4 minutes environ par gaufre + 10 minutes pour la garniture

Repos : 30 minutes

175 g de farine

50 g de beurre fondu

4 œufs

20 cl de lait demi-écrémé

½ sachet de levure chimique

Sel

Pour la garniture

1 kg d'épinards frais

150 g de mascarpone

2 échalotes

1 cuill. à café de mélange curry

2 cuill. à soupe d'huile de colza

Sel

Cette recette est directement inspirée d'un célèbre plat végétarien indien, à base d'épinards et de fromage. Le curry est en réalité facultatif : sans lui, ces gaufres sont également délicieuses.

• Faites fondre le beurre dans une petite casserole à feu très doux. Réservez.

• Dans un grand saladier, battez les œufs en omelette, puis ajoutez la farine tamisée et la levure chimique. Salez, incorporez le beurre refroidi et le lait. Mélangez bien, couvrez et laissez reposer la pâte pendant 30 minutes environ à température ambiante.

• Préparez la garniture : lavez les épinards sous l'eau froide et ôtez les tiges. Faites chauffer une grande quantité d'eau bouillante salée et jetez-y les légumes. Après 6 à 8 minutes de cuisson, retirez la casserole du feu et égouttez les épinards dans une passoire. Pressez-les pour en extraire toute l'eau.

• Épluchez les échalotes et émincez-les très finement. Versez l'huile dans une grande poêle et faites-les revenir en prenant garde de ne pas les laisser colorer. Ajoutez les épinards et mélangez bien. Salez, saupoudrez de curry et mélangez à nouveau. Incorporez enfin le mascarpone avant de retirer du feu. Mixez le tout, de façon à obtenir un mélange lisse et homogène.

• Équipez le gaufrier de plaques à gros trous et préchauffez-le. À l'aide d'une louche, versez ensuite un peu de pâte dans l'appareil et faites cuire jusqu'à ce que les gaufres soient bien dorées.

• Dressez les gaufres sur un grand plat ou sur des assiettes. À l'aide d'une poche à douille, recouvrez-les de mousse d'épinards et servez aussitôt.

Gaufres de pommes de terre

Pour 12 gaufres

Préparation : 15 minutes

Cuisson : 5 minutes environ par gaufre + 25 minutes pour les pommes de terre

1 kg de pommes de terre type bintje

100 g de beurre

6 jaunes d'œufs + 2 blancs

200 g de crème fraîche liquide

25 cl de lait demi-écrémé

Quelques pincées de noix muscade râpée

Sel

Simplissime, une recette à décliner en plat unique, économique et très nourrissante. Les plus gourmands pourront ajouter 50 g de gruyère râpé à la pâte !

- Épluchez les pommes de terre et faites-les cuire dans un grand volume d'eau bouillante salée. Égouttez-les et passez-les au presse-purée. Ajoutez le lait et mélangez.

- Dans une casserole, faites chauffer la crème et le beurre à feu doux, jusqu'à ce que ce dernier soit fondu. Retirez du feu, salez, et ajoutez la noix muscade. Incorporez les jaunes d'œufs un par un et mélangez bien, à l'aide d'un fouet. Puis incorporez le tout au mélange précédent.

- Montez les blancs d'œufs en neige ferme et incorporez-les à la pâte. Rectifiez éventuellement l'assaisonnement.

- Équipez le gaufrier de plaques à gros trous et préchauffez-le. Versez ensuite un peu de pâte dans l'appareil et faites cuire jusqu'à ce que les gaufres soient bien dorées. Servez très chaud, avec une salade verte assaisonnée d'une vinaigrette bien relevée.

Customisez vos pâtes à gaufres !

• **Avec des épices :** cannelle, vanille ou anis étoilé moulu sont absolument parfaits pour « réveiller » une pâte à gaufres sucrée, à cuire de préférence dans un appareil muni de plaques à gros trous. En effet, la gaufrette, fourrée la plupart du temps, ne nécessite pas d'ajouts particuliers qui pourraient contrarier le parfum de la garniture.
Noix muscade, safran, curcuma, quatre-épices, curry, graines de carvi, cumin et mélanges de poivres sont de bonnes alternatives pour égayer une pâte à gaufres salée, à condition d'être en harmonie avec la garniture prévue !

• **Avec des fines herbes :** menthe, basilic, herbes de Provence, romarin, sauge, aneth, origan, ou toute autre herbe de votre choix, finement coupés ou simplement effeuillés, apportent à une base salée un parfum incomparable…

• **Avec des légumes ou des champignons :** épinards cuits et hachés, carottes râpées, pommes de terre râpées crues ou cuites en purée, oignons frits, potiron et champignons séchés puis réhydratés donneront du peps à une pâte à gaufres salée.

• **Avec des fruits secs ou frais :** abricots secs, mangues séchées, fraises ou canneberges séchées émincées en petits morceaux, dattes, raisins secs de Corinthe ou fruits confits coupés en tout petits dés peuvent être incorporés à une pâte sucrée… Exotisme et finesse garantis !
Du côté des fruits frais, framboise mixée et pomme en compote apportent une touche fruitée délicieuse et surprenante à une pâte à gaufres classique.
Les poudres de fruits secs (amandes, noisettes, pistaches, noix de coco…) donnent à une pâte sucrée un parfum subtil et une texture légèrement plus croustillante.

• **Avec des zestes d'agrumes :** orange, citron jaune et vert, pamplemousse… tous les zestes sont permis, à condition d'être utilisés en petite quantité (1 à 2 cuillerées à soupe maximum), dans une pâte sucrée ou salée.

• **Avec un alcool :** rhum, kirsch, Grand Marnier®, eau-de-vie de framboise, de poire, de mirabelle… toutes les fantaisies sont permises, mais à toutes petites doses (1 cuillerée à soupe de liqueur ou d'alcool suffit amplement). Rappelez-vous que les enfants sont les premiers amateurs de gaufres !

Customisez crèmes et sucres d'accompagnement

• **Le sucre glace** est un des meilleurs compagnons de la gaufre. Vous pouvez le mélanger à différents ingrédients tels que du thé matcha (1 cuillerée à café pour 100 g de sucre glace), des épices comme la cannelle ou la vanille en poudre (½ cuillerée à café pour 100 g de sucre), des pétales de rose ou des violettes séchées (20 g pour 100 g de sucre), des zestes d'agrumes séchés réduits en poudre (20 g pour 100 g de sucre)…

• **La crème Chantilly** maison peut être relevée de façon originale : ajoutez 1 à 2 pincées de poudre de thé matcha, un mélange d'épices moulues pour un effet « pain d'épices », 20 g de pralines roses concassées finement, 30 g d'amandes effilées grillées…

• **Un fromage blanc** frais lisse, légèrement sucré, apportera fraîcheur et acidité à des gaufres sucrées ou salées. Vous pouvez là encore choisir d'y ajouter épices ou herbes fraîches.

• **Un coulis** de fruits rouges ou d'abricots, **du caramel** au **beurre salé** ou encore **une sauce au chocolat noir** (100 g de chocolat noir fondu à feu doux avec 30 g de beurre et additionné de 40 g de sucre en poudre), sont des délices gourmands indispensables à un goûter constitué de gaufres sucrées !

• **Une crème fraîche** liquide ou épaisse, légèrement battue et additionnée de jus de citron, de sel, de poivre et d'herbes fraîches constitue une excellente garniture alternative. Servez-la à part, en saucière.

Conservez vos gaufres

Les gaufrettes (sans fourrage) se conservent idéalement dans une boîte métallique, garnie de papier absorbant. Vous pouvez aussi les emballer dans du papier aluminium. Pour leur apporter de nouvelles saveurs, parsemez-les de pépites de chocolat noir et réchauffez-les tout doucement au four pour leur redonner du croquant.

Les gaufres « molles », à gros trous, fabriquées à base de levure de boulanger, se conservent sans problème 2 ou 3 jours dans une boîte à pain hermétiquement fermée. Au moment de les consommer, l'idéal est de les repasser quelques secondes dans le gaufrier, sans ajout de matière grasse. Vous pouvez aussi les congeler, puis les placer dans le grille-pain en les faisant réchauffer doucement.

Les gaufres fourrées peuvent se stocker jusqu'à 4 à 5 jours, dans un plat recouvert d'un torchon. Si vous désirez les déguster tièdes et si la garniture le permet, passez-les rapidement au four à faible température.

Index des recettes

Dans la collection

NOUVELLES VARIATIONS GOURMANDES